ETUDE

POUR LA

PROTECTION DES OUVRIERS FRANÇAIS

PAR

Maurice BARRÈS

Député sortant

PARIS

GRANDE IMPRIMERIE PARISIENNE

C. BARBY, DIRECTEUR

19, rue du faubourg Saint-Denis, 19

1893

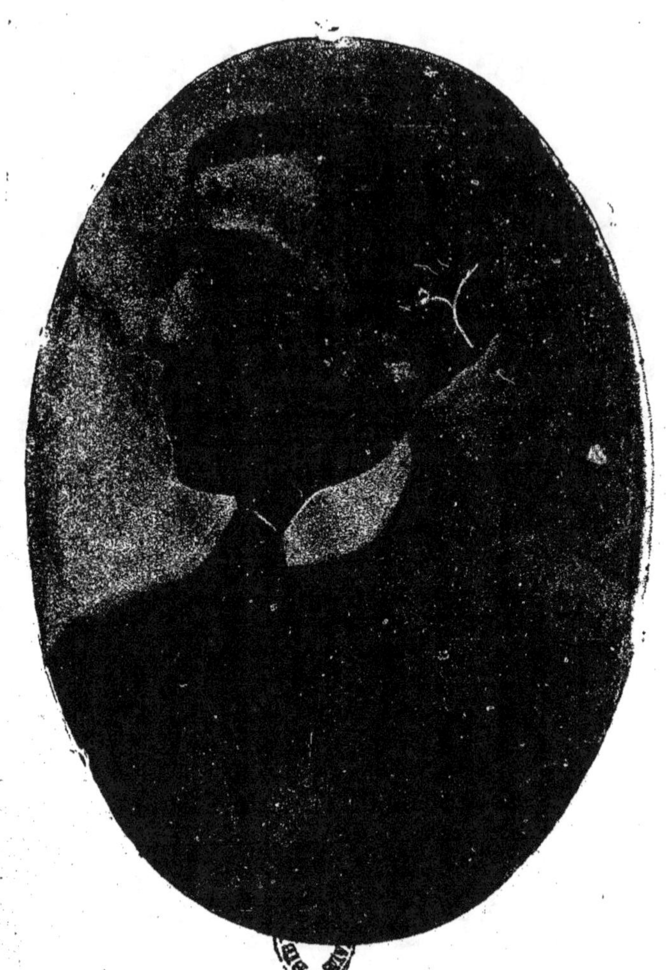

Maurice BARRÈS

Né à Charmes (Vosges), le 17 août 1862, élu député de Nancy en 1889 par 1,075 voix de majorité, secrétaire d'âge de la Chambre, candidat républicain dans la circonscription de Neuilly-Boulogne.

CONTRE LES ETRANGERS

ETUDE

POUR LA

PROTECTION DES OUVRIERS FRANÇAIS

PAR

Maurice BARRÈS

Député sortant

PARIS

GRANDE IMPRIMERIE PARISIENNE

C. BARBY, DIRECTEUR

19, rue du faubourg Saint-Denis, 19

1893

DÉCLARATION

MAURICE BARRÈS

Député sortant

Dans les Réunions des Cantons de Neuilly-Boulogne

Aujourd'hui, comme il y a quatre ans, je réclame la revision de la Constitution de 1875.

Les hontes de Panama nous ont convaincus, plus que jamais, de la nécessité de mieux définir la séparation des pouvoirs législatifs et exécutifs : j'ai vu les députés chéquards peser sur les ministres et en arracher leur acquittement.

Je ne suis pas d'opposition systématique, mais je suis honnête et indépendant : ce que je poursuivrai avec votre appui, c'est, dans la République, la constitution d'un parti de gouvernement, probe et intelligent, qui nous débarrasse d'un personnel usé et retors.

A la Chambre, je me suis associé par mes votes à toutes les propositions de protection des faibles, quand je n'y ai pas collaboré moi-même.

Je m'honore particulièrement d'avoir apporté ma

part d'efforts, tant au Parlement que devant le pays, à la préparation de ces grandes lois démocratiques et patriotiques qui ont pour but d'assurer une retraite nationale aux travailleurs dans leur vieillesse — et de protéger l'ouvrier, notre compatriote, contre l'invasion des ouvriers étrangers qui augmentent les chômages et abaissent les salaires.

Et ce n'est pas là du socialisme utopique, puisque, dans l'application de ces lois, des pays étrangers nous ont devancés.

J'ai voulu solliciter les suffrages d'une circonscription que désormais j'habite. Le rôle du député, selon moi, c'est en effet d'être, en même temps que le serviteur du pays, l'interprète des intérêts locaux et le conseiller que chacun peut consulter.

Toute ma force de travail et tout mon crédit, je les donne à Boulogne, à Neuilly et à chaque citoyen. En échange, dans votre confiance je puiserai la force de persévérer vers le but, qu'écrivain et homme politique j'ai toujours visé : la transformation pacifique des conditions du travail et une République bienfaisante, honorée et honnêtement servie.

Maurice BARRÈS
Député sortant.

Le Sentiment Nationaliste

Le Parlement et les Étrangers

Les discussions parlementaires du 4 et du 6 mai dernier, sur les *conditions du séjour des étrangers en France et sur la protection du travail national*, ne semblèrent pas favorables aux nationalistes. Contre eux, M. Bardeau eut des gestes indignés, car il considère que, par une taxe sur les ouvriers étrangers, on veut faire retomber la France dans la barbarie. M. Rouvier déclara qu'il « ne pouvait écouter la discussion sans une certaine humiliation ».

Nombre des étrangers en France

Ces messieurs ont de la compétence et on leur attribue de l'autorité. Mais l'*Office du Travail* (institution officielle, source de documents indiscutables) publie cette semaine une *Statistique des étrangers*. Et il n'y a ni éloquence, ni autorité qui aille là contre : treize cent mille étrangers sont installés en France, jouissant de notre pays sans en supporter les charges — et sur lesquels soixante-cinq mille seulement vivent de leurs revenus, c'est-à-dire nous apportent de l'argent.

Chiffre énorme, treize cent mille ! et qui grossit chaque année. Et les ingénieux raisonnements et les indignées interruptions de MM. Burdeau et Rouvier ne modifieront pas cette grave situation. Au moins nous la firent-ils voir en beau ? C'est l'avantage de l'éloquence ; elle ne change rien aux faits, mais elle transforme les impressions que nous en ressentons. Eh bien ! non. Si érudits, si bien disants, ils ne sont pas arrivés à convaincre tant d'ouvriers français (plusieurs centaines de mille) qui vivent sans travail ou avec un travail intermittent, de prendre en réjouissance cette pros-périté de l'étranger en France. Ces habiles gens n'ont guère persuadé que les employeurs d'ouvriers étrangers, c'est-à-dire ceux-là mêmes qui, avant de les lire dans l'*Officiel*, étaient de leur avis.

Réponse aux Internationalistes

Et, en effet, sur l'ensemble de la question, ima-gineriez-vous les deux arguments, de couloir et de tribune, des « internationalistes » ? M. Turrel y commence ainsi son rapport : « Messieurs, la France est par excellence une nation accueillante et hospi-talière. Elle doit, elle veut le rester... Nous n'en-tendons pas, et nous tenons à le déclarer, faire quoi que ce soit qui pût porter atteinte au bon renom de notre pays ou laisser croire que nous avons oublié les grands principes de la Révolution. » Hospitalité, Grands Principes ! C'est toute la philosophie des concours agricoles, comme c'en est l'éloquence.

Quel lecteur devant cette argumentation ne s'écrie : « Ah ! nous ne fûmes que trop hospitaliers ! » Et mille petits faits se présentent à notre esprit : les charlatans cosmopolites du genre Cornélius Herz et Reinach, qui encombrent Paris ; les vingt mille étrangers condamnés chaque année par nos tribunaux ; l'œuvre de l'Hospitalité de nuit recueillant dix mille étrangers à Paris, tandis que tant de malheureux, nos compatriotes, demeurent sur le trottoir, faute de lits.

Certes la France hospitalière, c'est un beau mot, mais hospitalisons d'abord les nôtres.

Alors, voici M. Burdeau qui prend un autre ton : « Ces étrangers qui viennent en France, ce sont les domestiques du peuple français ; ils remplissent chez nous des métiers que vous dédaigneriez. » Je crus voir se baisser les yeux de mes collègues ; sans doute, dans cet instant, chacun de nous songea à tant de malheureux qui chaque jour nous viennent demander du travail, n'importe quel travail, un morceau de pain. Mais laissons notre expérience personnelle, toujours fragmentaire et suspecte. C'est la statistique qui répondra à M. Burdeau :

« J'admets qu'une partie des six mille étrangers employés dans l'industrie chimique et des quatre-vingt douze mille du bâtiment et les trente mille de la métallurgie fassent une besogne pénible, mais cinquante-neuf mille étrangers vivent de l'industrie textile, soixante-trois mille de l'habillement, trente-huit mille des professions libérales, cent dix mille sont fermiers, métayers ou colons, quatre-vingt-dix neuf mille propriétaires cultivateurs et cent soixante-seize mille commerçants (parmi lesquels cinquante-sept mille cabaretiers ou hôteliers) ! »

La protestation nationale

Cette séance du 4 et du 6 mai, puis la publication de l'*Office du Travail*, voilà d'excellents indices sur l'invasion des -trangers. La statistique montre le danger, fait voir nettement la hauteur du flot qui s'apprête à submerger notre race, et, d'autre part, la discussion parlementaire laissa entrevoir quelle émotion, quelle énergie de défense il y a dans ce pays.

Déjà brutalement manifestée par les grèves de Liévin et de Lens (août 92), la protestation nationaliste s'exprima parlementairement dans cinq projets que des groupes considérables de députés déposèrent sur le bureau de la Chambre dans cette législature. (De ces diverses propositions, les promoteurs sont MM. Castelin, Lalou, Macherez, Brincard, Hubbard.) Cela est significatif de l'opinion des masses.

Ainsi, parmi les professionnels de la politique, la question des ouvriers étrangers est-elle considérée comme passionnant les travailleurs. « Si je me laissais guider par des préoccupations purement électorales — déclarait le rapporteur *internationaliste*, — je ne tiendrais pas, le langage que vous en endez. »

Un fait se dégage, c'est qu'une fraction importante de la population ré lame des mesures de protection. Et j'ajoute que de toutes les revendications ouvrières, celle-là, si énergique, est en même temps la plus sympathique : elle s'accorde avec le sentiment patriotique de toutes les classes et même avec les intérêts de beaucoup de personnes de métiers bourgeois.

Pourquoi les étrangers viennent-ils en Franc ?

Ces treize cent mille étrangers envahissent tous nos métiers et même les professions libérales (voir la Faculté de médecine, l'Ecole centrale, etc.).

Je ne m'en étonne pas. Ils aiment la France pour deux raisons : n'y payant pas l'impôt militaire et trouvant là plus de bien-être, un salaire meilleur qu'en leurs patries. Pour ces mêmes raisons, tels de nos industriels, de nos commerçants emploient de préférence ces étrangers : « Voilà, disent-ils, de beaux gaillards qui peuvent me donner trois ans de leur jeunesse la plus robuste, et en outre ne sont dérangés ni par les vingt-huit jours, ni par les treize jours. » Ces patrons ajoutent : « Que voulez-vous ? les ouvriers étrangers travaillent à prix réduit ; payés moins cher que des Français, ils sont encore plus satisfaits! »

Sur le vif

Visitons en effet dans le Nord, dans l'Est, une de ces équipes belges appelées par nos grands industriels. Les hommes ont laissé leurs femmes au pays et vivent pêle-mêle, sous un vaste hangar, de pommes de terre cuites par l'un d'eux. Nos Français, avec leurs familles, leur modeste besoin de confort, périraient là.

Il est odieux, le premier patron qui recourut à ces bandes d'esclaves, mais le second, qui ne l'excuserait? Quand son concurrent, par de tels procédés, abaisse les prix de revient, peut-il soutenir la concurrence ? Lui aussi se tourne vers l'Italie, la Belgique. Et si l'ouvrier français ne veut pas redescendre à cette vie inférieure, sans confort, sans hygiène, pour lui plus de travail. Ah ! qu'une loi intervienne et entrave ces dures nécessités de la concurrence sous lesquelles défaillent les sentiments d'humanité et de patriotisme de nos industriels !

Nos ouvriers et la civilisation française

Epouvantable contradiction où toute justice est

étranglée. Nous profiterions de la civilisation française, si raffinée, si loin poussée par la collaboration de ces ouvriers qui, dans cet effort, se sont affaiblis, ont pris des besoins de bien-être, et nous prétendrions leur refuser les avantages de notre lcivilisation pour qu'ils n'en supportent plus que es inconvénients !

Les travailleurs français et le protectionnisme douanier

Quels sont-ils donc les industriels qui réclament cet internationalisme ? Mais vous les connaissez. Ce sont eux qui, hier, invoquaient la solidarité patriotique pour qu'on protégeât le mouton national, le drap national, contre la concurrence étrangère. Gauthier de Clagny l'a rappelé : M. Méline, pour faire voter ses droits protecteurs, indiquait qu'ensuite l'on protégerait nos nationaux. Pourquoi, à l'égard des ouvriers, qui n'ont ni moutons, ni drap, ni blé à vendre, qui n'ont que le travail de leurs bras, la solidarité patriotique ferait-elle défaut ? On n'hésitera pas à faire payer à l'ouvrier un objet quelconque plus cher, sous prétexte que c'est un objet français, cependant on l'a fait fabriquer en France par un étranger qui demandait quelques sous de moins qu'un ouvrier français.

Ainsi certains industriels maudissent la concurrence étrangère quand elle doit les forcer à baisser leurs prix de vente, mais l'encouragent lorsqu'elle doit faire baisser leurs prix de revient au détriment des ouvriers !

Économistes libéraux et socialiistes collectivistes

Seuls les économistes orthodoxes et les socialistes collectivistes ont le droit de ne se point choquer de cette invasion des étrangers en France. Ils sont partisans de la liberté des échanges. Il ne participent pas de cet illogisme du système actuel qui protège les produits du travail national et favorise les travailleurs étrangers. Economistes orthodoxes et socialistes collectivistes se rencontrent dans la même idée internationale : « La planète est un atelier », dit M. Léon Say, approuvé là par M. Guesde. Ces deux personnages suppriment en économie sociale l'idée de patr e. « Où je gagnerai le plus d'argent et où ma vie sei a le plus confortable, là j'établirai ma patrie. » S'ils se séparent, c'est que M Léon Say livre la planète à la libre concurrence des hommes, tandis que M. Guesde veut y régler leur travail. D'ailleurs, t us les coins de la planète ont les mêmes droits à leur sympathie.

L'idée de patrie et l'économie politique

Mais si, contrairement à l'opinion des économistes orthodoxes et des socialistes collectivistes, on pense que l'idée de patrie est belle, bonne, légitime, il convient que l'influence de cette conception se fasse sentir en économie sociale, de même qu'elle se fait sentir dans la politique, dans l'éducation publique, et on arrive à cette conclusion que la planète n'est pas un atelier, mais une collection d'ateliers ayant des intérêts peut-être solidaires, mais distincts.

L'idée de patrie et la protection des travailleurs nationaux

Evitons aussi que cette idée de patrie se présente à nous uniquement avec des charges à subir et des corvées à remplir. Si tant d'ouvriers aujourd'hui s'en écartent, c'est qu'en somme elle ne s'offre à eux que sous la forme d'impôts et de service militaire. On leur demande le sacrifice de leur temps, de leur argent, de leur vie même, pour défendre le sol national, la richesse nationale, et ils voient le sol national envahi pacifiquement par les étrangers, tandis qu'eux-mêmes n'en possèdent pas une parcelle, la richesse nationale accaparée par les étrangers, sous la protection des lois françaises cependant qu'eux misérables ont souvent peine à trouver du travail...

Allons jusqu'au bout. L'idée de patrie implique une inégalité, mais au détriment des étrangers et non comme aujourd'hui au détriment des nationaux.

La conquête économique de la France

Pour accepter que des armées d'étrangers envahissent notre territoire, oppriment nos nationaux, possèdent la fortune et le pouvoir, enlèvent plus d'un milliard de salaires par an, nous suffit-il que ces conquérants ne portent point d'uniformes ? Tout tendus à éviter la conquête guerrière, accepterons-nous la conquête économique ? Voilà la question.

Question très grave, fortement sentie du peuple sur qui elle pèse. Comment des députés toujours en contact avec l'élément populaire eussent-ils persisté à sourire de ces demandes de protection, ou à les flétrir ! Sur la fin de la discussion, le 6 mai, nous enteudîmes le rapporteur, jusqu'alors si intraitable, déclarer : « Je suis, comme la majorité de la Chambre, persuadé que le moment n'est pas éloigné où, pour être conséquents avec nous-mêmes, nons devrons taxer le travail des ouvriers étrangers. »

Les députés patriotes

Aveu décisif ! Je le savais bien que le cœur de cette assemblée était nationaliste. Ce Parlement qui vient de repousser même la modeste taxe de un franc, secrètement il acquiesce aux vœux de protection si fortement exprimés par MM. Caste-

lin, Gauthier de Clagny, Dumonteil, Marius
Martin, Pierre Richard, Antide Boyer, Brincard.
Toutes ces bonnes volontés, un peu intimidées de
se sentir éparses dans les divers partis, se sont
rassurées en constatant leur nombre.

Et maintenant, la besogne utile, c'est, avant de
tenter un nouvel assaut parlementaire, de mettre
en évidence les vœux de tous les intéressés, commerçants et ouvriers. A se formuler net, plus encore
qu'à s'exprimer haut, un sentiment prend toute
son intensité.

L'énumération des dispositions législatives récla-
mées par les intéressés sera notre prochain chapitre,
puis nous verrons si les traités internationaux
nous opposent de réels obstacles.

Les Vœux Nationalistes

Les ouvriers étrangers et la diplomatie

Dans ces trois séances que la Chambre consacra à refuser toute protection au travail national, un mot pourtant du rapporteur est essentiel que nous avons relevé : « Je suis, comme la majorité de la Chambre, persuadé que le moment n'est pas éloigné où, pour être conséquents avec nous-mêmes, nous devrons taxer le travail des ouvriers étrangers. » Et aussitôt il formulait son objection dont il faut souligner la vanité ; « *Tant que la situation internationale, celle que nous font les traités, ne sera pas modifiée, je ne pourrai que proposer à la Chambre d'écarter toute taxe militaire ou autre.* » (6 mai.)

En vérité, qu'on nous permette de regretter le temps que passent, dans les conseils d'administration des sociétés financières, M. Burdeau et M. Rouvier. S'ils fréquentaient les milieux populaires, ils connaîtraient la violence, la justice et la nécessité de cette protestation contre les étrangers, et ils prendraient de suite ce que vous les verrez réclamer, n'en doutez pas, dans quelques années, à savoir la direction du mouvement nationaliste. Ah ! qu'ils trouveraient vite un biais pour concilier les traités et nos intérêts !

Objections puériles

A quoi se réduisent en effet ces difficultés internationales quand on les examine de près ? A rien, et nous le concluons des explications mêmes du ministre :

Tous nos traités peuvent être modifiés en les dénonçant douze mois à l'avance. Seul, celui conclu avec la République Sud-Africaine vaut jusqu'en 97. Or, qui doute que, moyennant un très petit effort, les bureaux des ministères ne trouvent le secret de décider le Transvaal, qui d'ailleurs n'a pas de nationaux chez nous, à dénoncer ce traité ?

Mais admettons pour un instant cette absurdité, que les relations de la France vis-à-vis du monde entier puissent être commandées par cette petite République, ceci demeure incontestable qu'en 1897 les antinationalistes n'auront plus d'objections diplomatiques à opposer aux mesures de protection que nous réclamons contre les étrangers

Prenons donc l'avance, formulons ces réformes, résumons et examinons les vœux de l'opinion publique...

Nous réclamons contre les étrangers :

Mesures à prendre

1° Une taxe sur les employeurs.

Et voilà le point essentiel ! Qu'il s'agisse d'ouvriers, d'employés, de gens de maison, de précepteurs, de commis de banque, etc., etc., nous demandons que celui qui les emploie paie une taxe montant à dix pour cent des salaires qu'il leur verse.

C'est écarter de notre pays la main d'œuvre étrangère. C'est diminuer les demandes de travail, et voilà un progrès énorme pour l'amoindrissement de la misère en France.

On dit : « Laissez agir les lois naturelles de l'offre et de la demande ; gardez-vous d'intervenir pour en fausser le jeu. » Fort bien, mais Carey, le grand écrivain protectionniste américain, l'a démontré d'une façon que nous considérons comme irréfutable : la loi des harmonies économiques, c'est-à-dire la solidarité des différentes parties du corps social, n'est vraie que dans l'intérieur d'un même pays. (Et par pays, nous entendons non pas un territoire, mais l'ensemble des citoyens.) Le capital français est solidaire du travailleur français et non du travailleur belge. Et précisément ce que nous demandons c'est qu'on ne laisse pas l'afflux des ouvriers étrangers fausser cette harmonie économique.

En France, où la population n'augmente pas, s'il n'y avait que les ouvriers français, il y aurait largement du travail pour tout le monde. Par ce simple jeu de l'offre et de la demande, en restreignant le nombre de ceux qui proposent leurs bras, la situat on des ouvriers nationaux s'améliorerait immédiatement.

Et cette mesure, dans l'état actuel de nos relations internationales, le Parlement la pourrait-il voter ?

Oui, car en décembre 91, M. Ribot, parlant des traités qu'il allait signer, ceux-là mêmes que l'on voudrait aujourd'hui nous opposer, déclarait : « Nous n'engageons pas la liberté de la Chambre. Le jour où elle aura à examiner la question d'une taxe sur les ouvriers étrangers, elle la discutera librement et elle aura le moyen de faire exécuter sa volonté dans le plus bref délai. »

2° *Une taxe militaire.*

M. Brincard en posa fort bien la nécessité (6 mai 93). « Comment ! voici des étrangers qui viennent s'établir en France et faire concurrence à nos ouvriers et à nos employés, qui ne font ni les vingt-huit jours, ni les treize jours, qui profitent de tous nos sacrifices pour l'enseignement, pour l'assistance publique et qui ne paieraient rien même pas la taxe que payent les Français dispensés du service militaire ? »

Et M. Gauthier de Clagny impressionnait vivement la Chambre en rappelant cette réponse trop fréquente des patrons à qui l'on propose des jeunes gens au sortir du service militaire : « Nous aimons mieux les étrangers parce qu'ils n'ont pas de vingt-

huit jours ni de treize jours à faire. » A Paris il y a
50,000 domestiques étrangers qui sont employés
de préférence aux Français, parce que, n'étant
pas soumis à des périodes d'instruction, ils peuvent
continuer sans interruption leurs services. (*Cité
par M. Marius Martin.*)

En 1887, le texte suivant fut proposé à la Chambre : « Tout étranger inscrit sera astreint à toutes
taxes pouvant frapper les Français exemptés ou
dispensés du service militaire. » Contre cette rédaction, le ministre, M. Flourens (27 juin 87), déclarait
ne pouvoir la critiquer ni d'après le texte des traités,
ni d'après le droit des gens.

Pour nous, en présence de l'énorme privilège que
c'est aux étrangers de jouir de notre pays sans
supporter la plus lourde de nos charges, l'impôt
du sang, nous regrettons seulement d'être obligés
de nous en tenir à cette taxe militaire trop légère
vraiment, trop peu compensatoire.

3° L'Exclusion des travaux militaires.

C'est un danger pour la défense militaire que la
collaboration des étrangers à nos travaux stratégiques. Continuellement, dans les villes du Midi,
Marseille, Toulon, Cannes, Nice, les murs sont
couverts d'affiches en langue italienne, réclamant
les ouvriers italiens pour les travaux des forts.
Dans nos Vosges, dans le Nord, même situation.
Qui ne s'en inquiéterait ? MM. Rouvier et Burdeau,
avocats de l'internationalisme, sont eux-mêmes sur
ce point obligés de céder.

« Il est regrettable, déclarait le 6 mai M. Rouvier, qu'on emploie des ouvriers étrangers dans les travaux militaires. Il faut l'empêcher, et cela est possible par une simple mesure d'administration. C'est une affaire de cahier des charges. Il suffit que l'autorité militaire exerce sur le choix des ouvriers pris par les entrepreneurs un droit qui lui appartient. »

On admettra cependant qu'une simple mesure d'administration ne suffit pas, puisque. vers 87, le ministre de la guerre ayant enjoint catégoriquement par une circulaire aux chefs des établissements qui dépendent de lui, de n'avoir que des nationaux dans leurs bureaux et dans leurs ateliers, nul. compte ne fut tenu de cet ordre. (*Cité par E. Leverdays.*)

4° *L'Expulsion de tous les étrangers qui tombent à la charge de l'Assistance publique.*

Sur ce point, il paraît superflu d'insister auprès de ceux qui savent combien nous sommes déjà impuissants à secourir les misères de nos nationaux.

****

Ces quatre articles nous semblent de toute nécessité; mais ne pourrait-on pas étudier avec convenance et profit les deux projets suivants :

1° *Interdiction d'aller engager des ouvriers*

étrangers dans leur pays, comme on le fait pour les institutrices, les bonnes d'enfants, les domestiques d'hôtel, les terrassiers, etc. Ce serait nous inspirer de la loi des Etats-Unis (3 mars 93), réglementant l'immigration et le travail à l'entreprise. On sait en effet que, dans les ports de la République américaine il est nterdit de débarquer les idiots, les déments, les indigents, les personnes atteintes de maladie contagieuse ou convaincues d'infamie et, ce qui nous intéresse plus spécialement, toute personne engagée pour un travail par contrat, ou par accord formel ou tacite.

Chez nous, sans doute, des ouvriers arrivant avec un engagement en poche ne pourront être arrêtés à la frontière, car la surveillance est moins facile sur nos frontières que sur les paquebots dans un port ; mais il y aurait lieu, quand les étrangers font leur déclaration à la mairie, de les inviter à justifier de leurs moyens d'existence.

2. *Interdiction de l'emploi des étrangers dans tous les chantiers nationaux,* départementaux, communaux, ou dépandant des Compagnies privilégiées (gaz, eaux, chemins de fer, omnibus, etc., etc.,) que les travaux soient faits en régie ou par entreprise.

Les étrangers riches et les commerçants français]

Dans l'élaboration de ces divers projets, pas un

instant on ne perdit de vue qu'il y a tout de même, parmi les é rangers, de riches voyageurs (soixante-trois mille étrangers riches sur treize cent mille), qui viennent dépenser de l'argent en France et qui contribuent à la prospérité des industries parisiennes de luxe.

Sans doute la présence des étrangers riches ne profite pas aux commerçants français autant qu'on l'imaginerait tout d'abord, car certaines villes d'eaux sont de véritables colonies où les étrangers installent leurs hôtels, leurs temples, leurs médecins, leurs fournisseurs nationaux. Dans telle ville de saison les Anglais qui viennent résider exigent que toutes les installations hygiéniques municipales ou privées soient examinées par un ingénieur anglais... Gardons-nous pourtant de compromettre le bénéfice qu'assure à notre pays la douceur de son climat et de notre civilisation.

Ce fut le perpétuel souci des rédacteurs de ces diverses mesures. Qu'on les examine de très près, on n'y rencontre nulle intention vexatoire, mais un simple caractère de compensation. Elles tendent à supprimer le très réel et écrasant privilège des étrangers chez nous.

Étrangers en France, Français à l'étranger

Et qu'on ne nous parle point de représailles possibles. Il y a 70,000 Allemands en France et 1,200 Français à Berlin ; treize cent mille étrangers en France et seulement cent soixante mille Français épars dans les pays européens. (Encore nos nationaux, que ne vont-ils en Algérie !)

Au reste, ce serait mal poser la question de réciprocité de la discuter ainsi. Le point grave, c'est que, pour se fermer, les autres pays n'attendent pas que nous protégions notre main-d'œuvre nationale. Partout s'adoptent ces mesures devant lesquelles notre Parlement recule.

Nul pays plus que le nôtre, si brutalement envahi, n'avait le droit de prendre cette initiative ; mais à cause de ces mots vagues, si mal interprétés : « Hospitalité française ! principes des grands ancêtres ! » nous nous attardons au point que des hordes d'émigrants, repoussées de toutes parts, s'acheminent pour submerger notre race. Nos amis d'Allemagne, d'Italie sont en marche ; nous le ferons bien voir dans notre prochain chapitre.

C'est notre disparition : comment en effet nous les assimiler ? C'est tout au moins notre ruine. Selon le mot excellent de Pierre Richard, voulez-vous que la France devienne *le Pâturage de l'Europe*.

Le Nationalisme en Europe

M. Rouvier et les étrangers

« Si nos ancêtres de la grande époque assistaient à la discussion des lois de protection pour la main-d'œuvre nationale, ils se demanderaient ce que sont devenus leurs principes et leurs idées ! »

Ainsi parle M. Rouvier — et avec lui M. Burdeau, M. Turrel. Désireux de discréditer les mesures de protection que nous réclamons, ils s'efforçent d'établir une opposition entre le principe des nationalistes et le principe de la Révolution. C'est une habileté de tribune. Dans une telle argumentation ces messieurs ne pourraient être de bonne foi qu'à condition d'ignorer l'histoire. M. Rouvier, d'ailleurs, ne l'a jamais apprise. Et son esprit n'est pas de ceux qui, dans la méditation, dégagent par eux-mêmes la philosophie des faits.

Intelligence d'expédients, nullement capable de se mouvoir parmi les idées générales, cet homme d'affaires parle de la Révolution, des grands principes, parce que la sonne fortement et impressionne les assemblées, mais il ne les a pas vérifiés ; ce ne sont pour lui que des moyens oratoires. Selon une théorie dont nous vîmes les ridicules exagérations

à la fin du second Empire (Jules Simon, Jules Favre
réclamant le désarmement), il admet, il affirme que
l'internationalisme est une conséquence de la Révolution.

L'évolution nationaliste

Voilà une conception que le socialisme, lui aussi,
a héritée du radicalisme. Mais, comme elle est con-
traire à la vérité historique ! L'évolution se fait, le
long des siècles, vers le nationalisme, et la Révolution, bien qu'elle ne se soit pas prononcée directe-
ment sur le problème, eut pour conséquence néces-
saire de violents mouvements nationalistes.

En examinant l'histoire, on voit, à mesure qu'on
sapproche de notre époque, les nations en train de
e former, et rien n'y contribua plus que la Révolution.

Il y faut insister. La question n'est pas chose
oiseuse ni divertissement de pédant. Ne tolérons
point que nos adversaires internationalistes se pré-
tendent « d'accord avec le Progrès » ou attribuent à
leur thèse « l'autorité des hommes de 89 ».

L'empire romain était cosmopolite. Le moyen
âge, dominé par la papauté et par l'Empire, le fut
également. Les unités nationales demeuraient mal
ébauchées dans l'idée très forte de chrétienté. C'est
au seizième siècle qu'elles se constituèrent, sous la
forme monarchique. Vinrent la philosophie et la
Révolution française dont le rôle fut d'asseoir la
société sur le droit naturel, c'est-à-dire sur la

logique. Ces philosophes et ces légistes déclarèrent que tous les hommes étaient les mêmes partout, qu'ils avaient des droits en tant qu'hommes ; d'où la *Déclaration des droits de l'homme et du citoyen.*

La Révolution française et le patriotisme

C'est en cela, mais en cela seulement que la Révolution fut cosmspolite. Pour l'organisation générale, quelle conséquence en a-t-elle tirée ? La Révolntion française songea-t-elle à supprimer les frontières et à ne faire qu'un seul Etat ?

Elle ne l'eût pas pu, elle ne l'a pas voulu. Elle a posé le principe des peuples à se gouverner eux-mêmes.

Comment en ont-ils usé ? En appliquant le principe des nationalités.

Le principe des nationalités

Le principe des nationalités, voilà la conséquence immédiate de la Révolution française, conséquence inaperçue des acteurs mêmes de la Révolution, mais tout à fait logique dans l'ordre politique. Le droit naturel posé par la Révolutio౼ nous libère du contrat historique. Les hommes libérés des contrats, des vieilles chartes, soumis à la seule logique, décidèrent spontanément de se grouper entre gens ayant un fonds de légendes et de vie communes. N'admettant plus qu'on pût les transférer par guerres, contrat de mariage ou testament, substituant le droit naturel au droit historique, ceux qui parlent la même langue se rapprochent, s'unissent. Une même langue, des légendes communes, voilà ce qui constitue les nationalités. La nationalité tchèque, l'irlandaise, etc., etc., reparurent.

Et comment s'affirment-elles ? Par la haine du voisin. Examinez tous ces peuples sortis de l'oppression turque : que font-ils d'abord ? Serbes, Grecs, Bulgares, ils se persécutent.

Les droits de l'homme et du citoyen et la question des étrangers

M. Turrel, M. Burdeau, M. Rouvier le comprendront-ils ? La Révolution française a simplement dit que les droits de l'homme et du citoyen étaient les mêmes partout, parce que ce sont des droits qui tiennent à la qualité d'homme, mais il ne s'ensuit aucune conséquence sur la manière dont l'humanité s'organisera. Invitée à s'organiser, l'Europe s'est groupée selon le principe des nationalités. L'homme de gouvernement, réellement respectueux du véritable « laissez faire », limitera donc son effort à maintenir l'harmonie économique dans la patrie française et à empêcher que les autres groupes viennent troubler chez nous le jeu naturel des lois de l'offre et de la demande.

La protection nationale à l'étranger

Il ne s'agit point de substituer sa chimère à la réalité et sa politique à la tradition historique. Le nationalisme est la loi qui domine l'organisation des peuples modernes, et à cette heure voyez que dans l'Europe entière on étudie des mesures de protection nationale.

Découpons quelques preuves que nous en apportent les plus récents journaux étrangers...

En Allemagne

La *Gazette de la Croix* se plaignait, ces jours derniers, de l'invasion des ouvriers autrichiens (surtout les juifs) en Allemagne, tandis que les ouvriers allemands ne peuvent trouver de travail en Autriche, grâce au rétablissement dans ce pays des corporations obligatoires dont les membres ont le monopole du travail et qui excluent les étrangers...

En Suisse

Le Congrès de la Fédération des travailleurs suisses, tenu à Bienne au commencement du mois d'avril, demande que les syndicats deviennent obligatoires pour les ouvriers nationaux. Ces syndicats fixeraient un minimum de salaire au-dessous duquel ne pourraient travailler ni les nationaux ni les étrangers...

En Amérique

En Amérique, il est interdit de faire venir des ouvriers avec un contrat leur assurant du travail. Détail plaisant et significatif de la rigueur de cette prohibition : lorsque les professeurs engagés en Europe pour l'Université catholique de Washington abordèrent, on voulut leur interdire le débarquement, en application de cette loi...

En Amérique encore les Chinois sont soumis à des permis de séjour, et ceux qui se refusent à cet enregistrement eussent été expulsés le 5 mai dernier, si l'argent pour cette colossale expulsion n'avait pas fait défaut. En effet, sur les cent quinze mille Chinois qui résident aux Etats-Unis, quatre ou cinq mille seulement se sont conformés au règlement. C'est donc à plus de cent mille individus qu'il s'agit d'appliquer la peine de la déportation La chose coûterait cinq millions de dollars, et on ne dispose que de trente-cinq mille dollars. La solution est reculée jusqu'en août.

On s'étonnera moins de pareilles mesures si l'on se rappelle l'expulsion en masse, il y a six ans, des ouvriers polonais russes et polonais autrichiens des provinces de la Prusse Polonaise...

En Angleterre

En Angleterre, pendant longtemps il fut interdit aux étrangers d'être propriétaires fonciers ou d'exercer un commerce pendant plus de vingt et un ans. A l'heure actuelle, il est simplement interdit à un étranger de posséder un navire anglais. Mais on s'aperçoit des inconvénients de cette tolérance et des associations se forment, des meetings se tiennent pour protester contre l'accaparement par les Allemands des places d'employés de commerce, et contre l'envahissement de certains métiers, notamment celui d'ouvrier tailleur, par les juifs russes.

CONCLUSION

Les idées que nous venons d'exposer *contre les étrangers*, sont conformes au sentiment profond de ce pays. Nous le savions, et tant de lettres reçues, des sympathies en dehors de toute politique nous ont confirmé dans notre assurance, quand nous développions ces idées dans les journaux. Maintenant, et pour assurer le triomphe de la thèse, il s'agira de frapper fort et toujours sur les mêmes arguments.

À l'occrsion de l'élection de Cleveland, le *New-York-Herald* mena une campagne admirable de netteté, de précision, sur ce même terrain nationaliste. C'étaient de brefs alinéas dans le goût de ceux-ci où nous pourrions résumer notre argumentation :

I. — Qu'est-ce qui se trouve en compétition avec les manufactures de France ?
Les produits étrangers.
Que donne le protectionnisme aux manufactures ?
La limitation de ces produits.
II. — Qui se trouve en compétition avec les ouvriers français ?
Les ouvriers étrangers.
Que demandons-nous pour les ouvriers français ?
La limitation des étrangers.
III. — Le Parlement a-t-il exclu les ouvriers étrangers ? A-t-il protégé les gages de l'ouvrier contre la compétition étrangère ?
Non.

Donc il n'a rien accordé aux ouvriers de ce qu'il accorde aux patrons.

Autre argument :

C'est une dérision de mettre des droits sur les produits d'un pays quand on accepte ses ouvriers.

Voici, en effet, les résultats du protectionnisme appliqué aux produits seuls et non à la main-d'œuvre.

Les marchés français fermés aux manufactures étrangères.

Conséquences :

I. — Faillite de beaucoup de manufactures étrangères, ouvriers sans travail.

Émigration de milliers d'ouvriers, leur destination naturelle, la France.

II. — Les gages, à l'étranger, inférieurs à ceux de France.

Préférence des patrons pour les émigrés.

III. — Rivalité, coups sur les chantiers, plus de travail pour le Français.

IV. — Nécessité d'arrêter un jour ou l'autre cette invasion.

Le Parlement forcé de reviser les tarifs protectionnistes.

Ou de statuer une loi contre l'ouvrier étranger, celle-là même que nous réclamons.

Ou de statuer une loi contre l'ouvrier étranger, celle-là même que nous réclamons.

Grande Imp. Parisienne, Barby, direct., 19, faub. Saint-Denis.

Grande Imprimerie Parisienne, G. BARBY, Directeu
19, faubourg Saint-Denis, Paris.